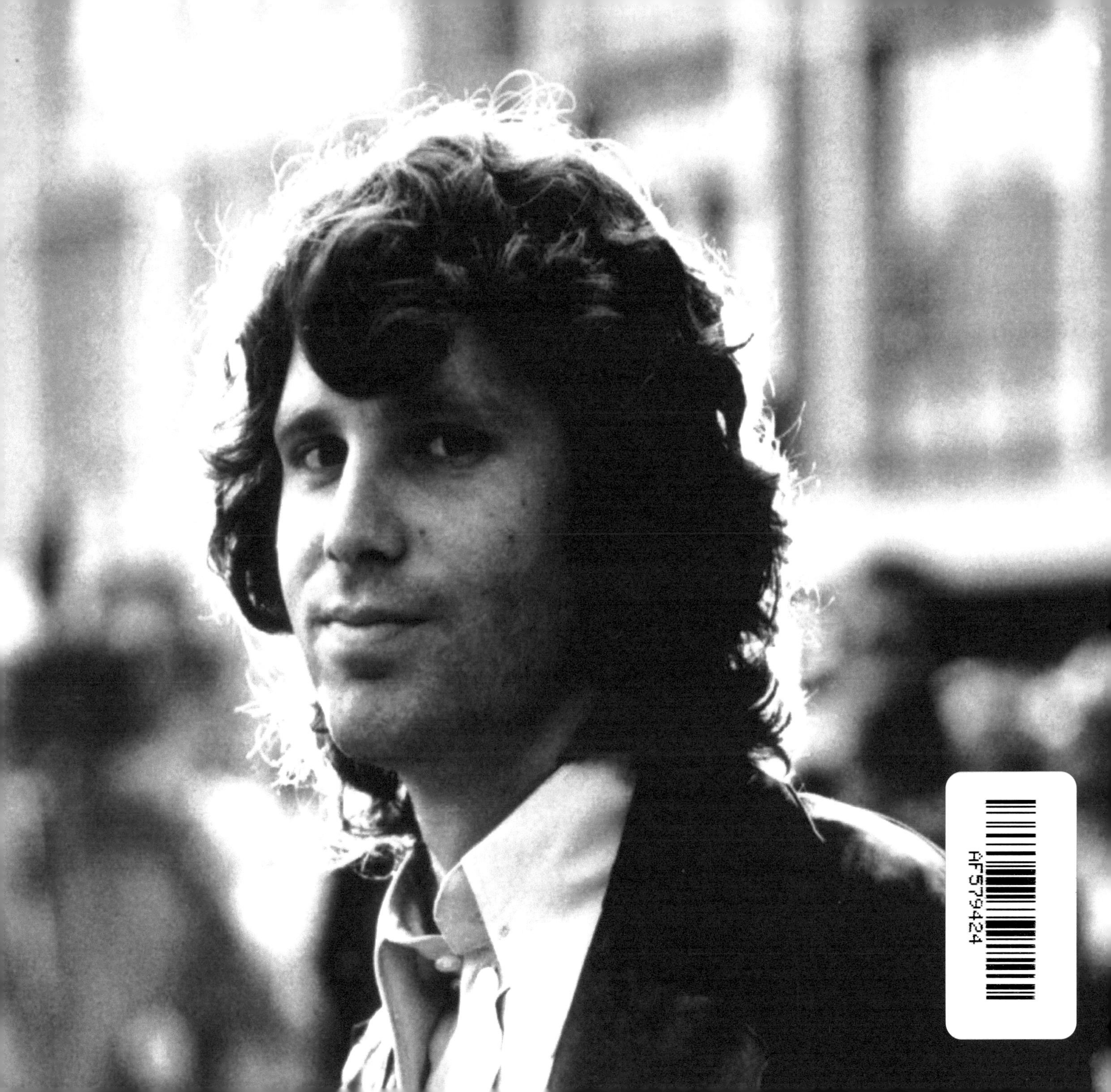
AF579424

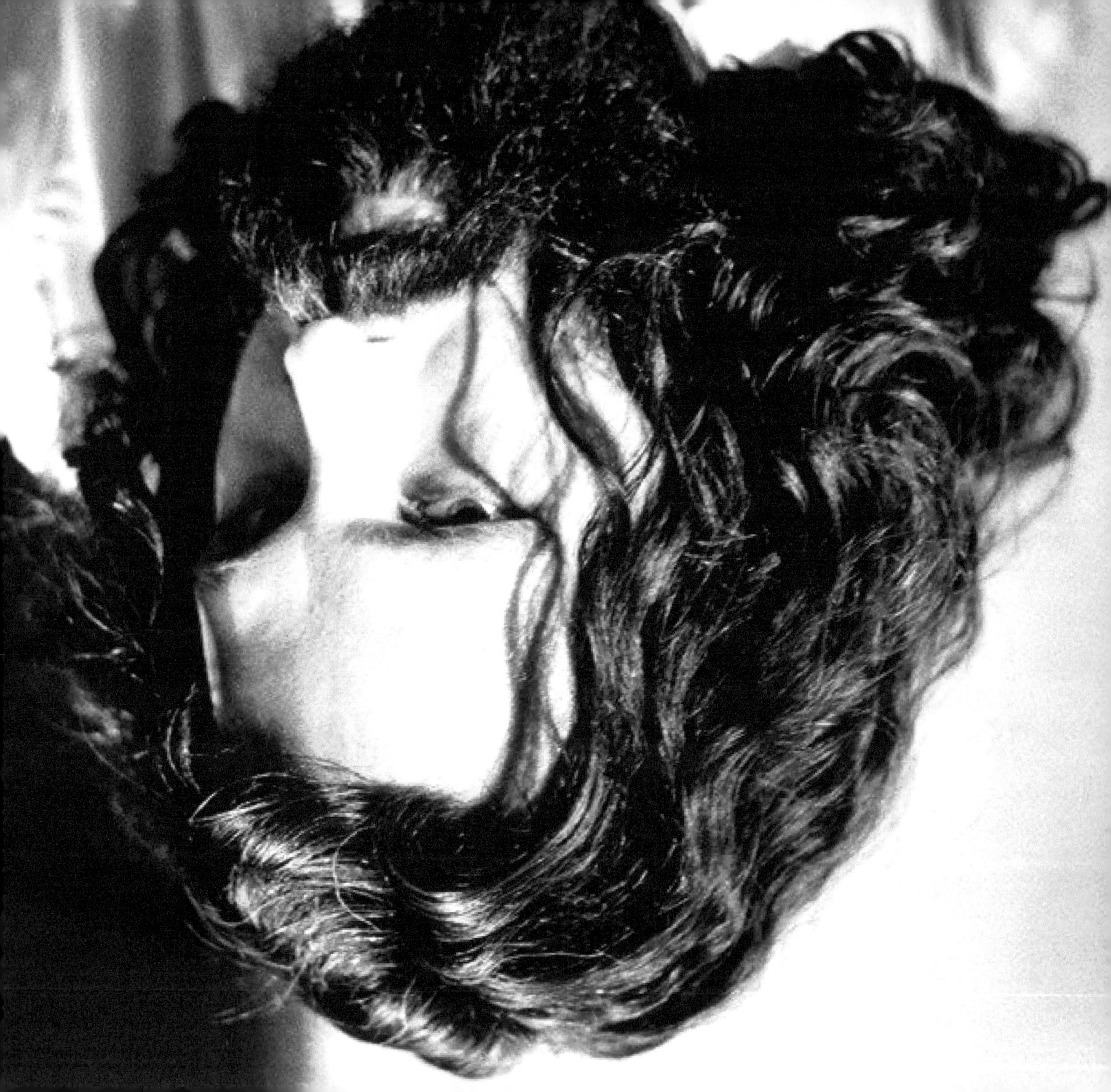

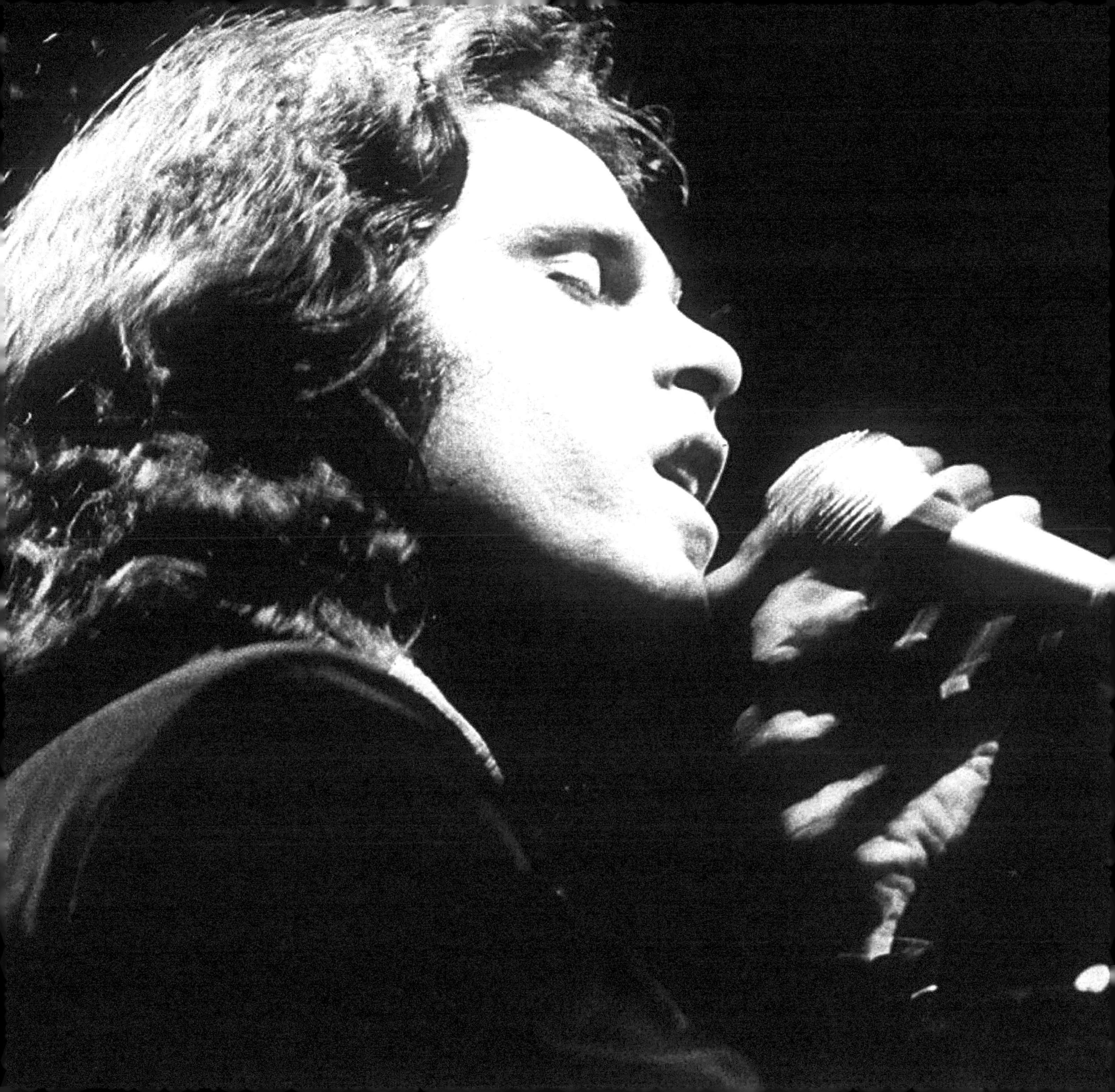

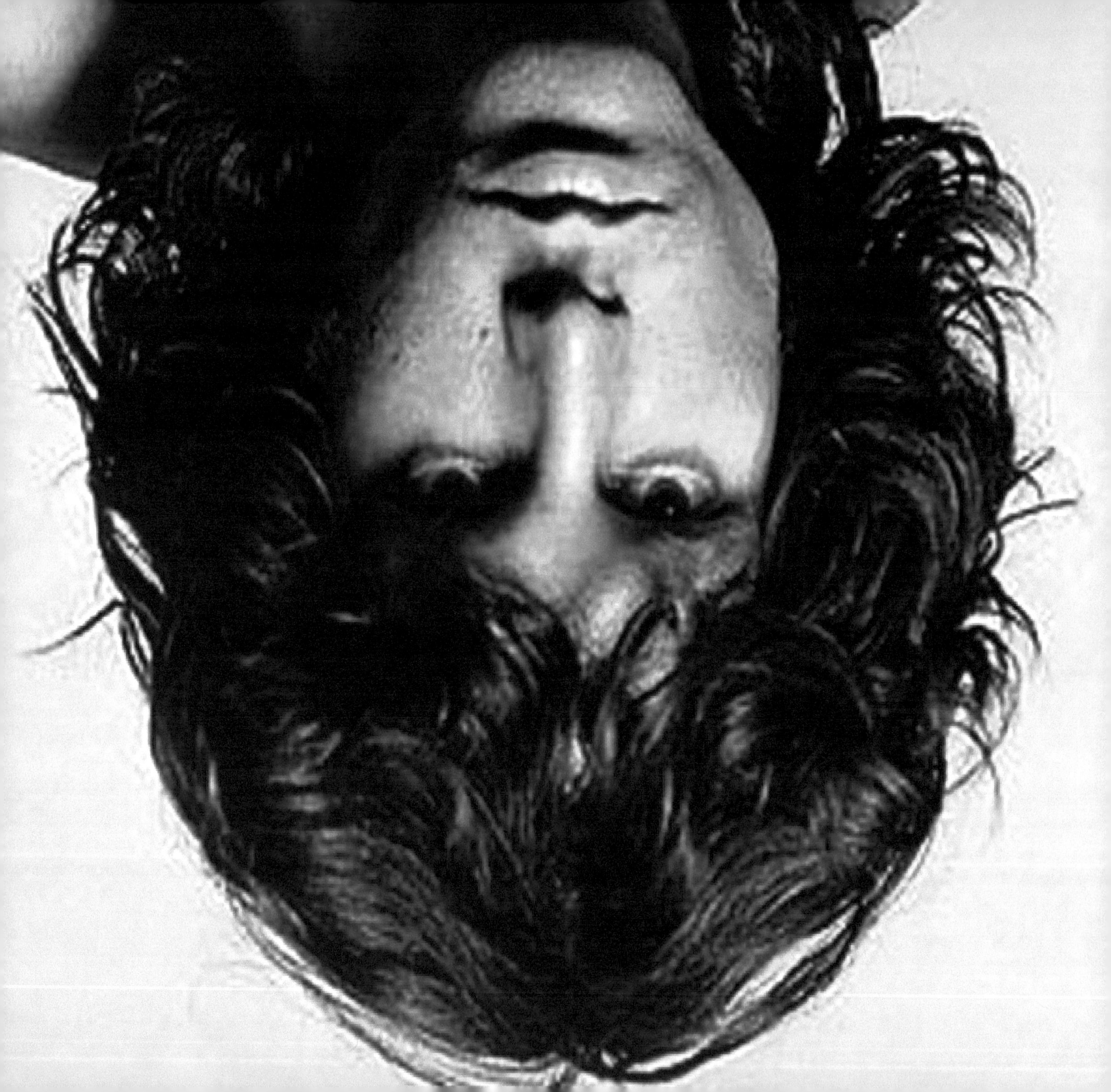

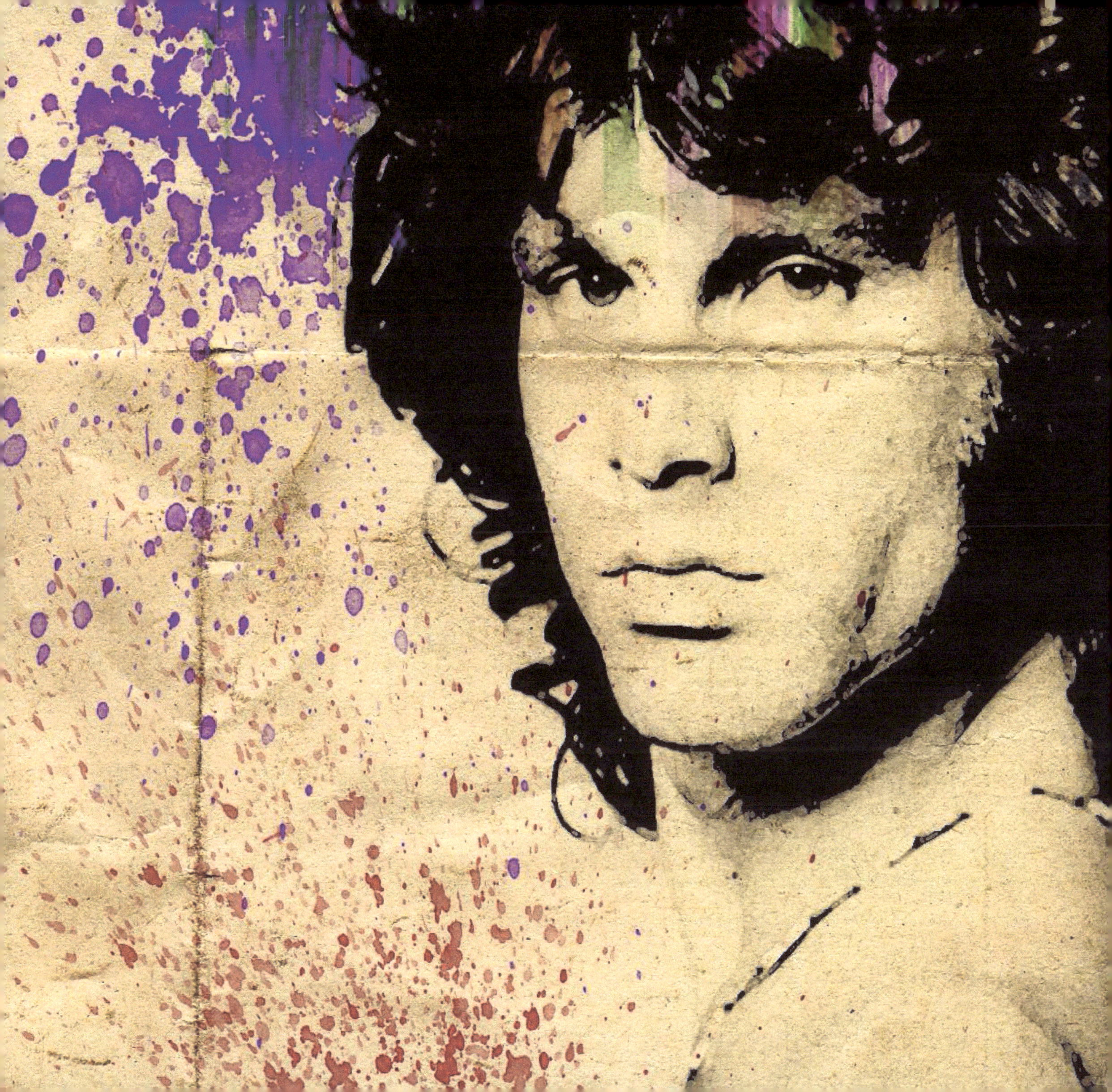

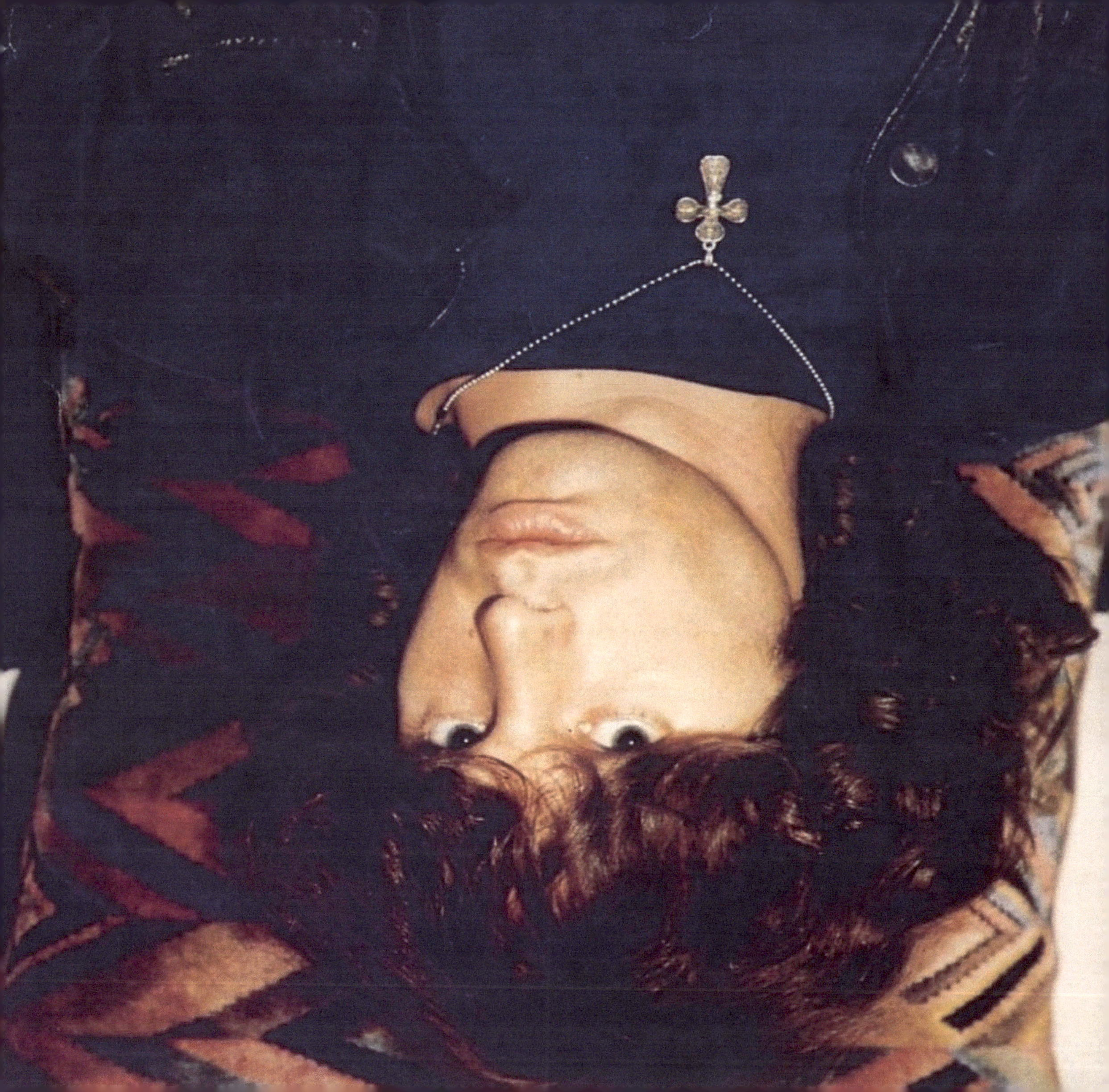

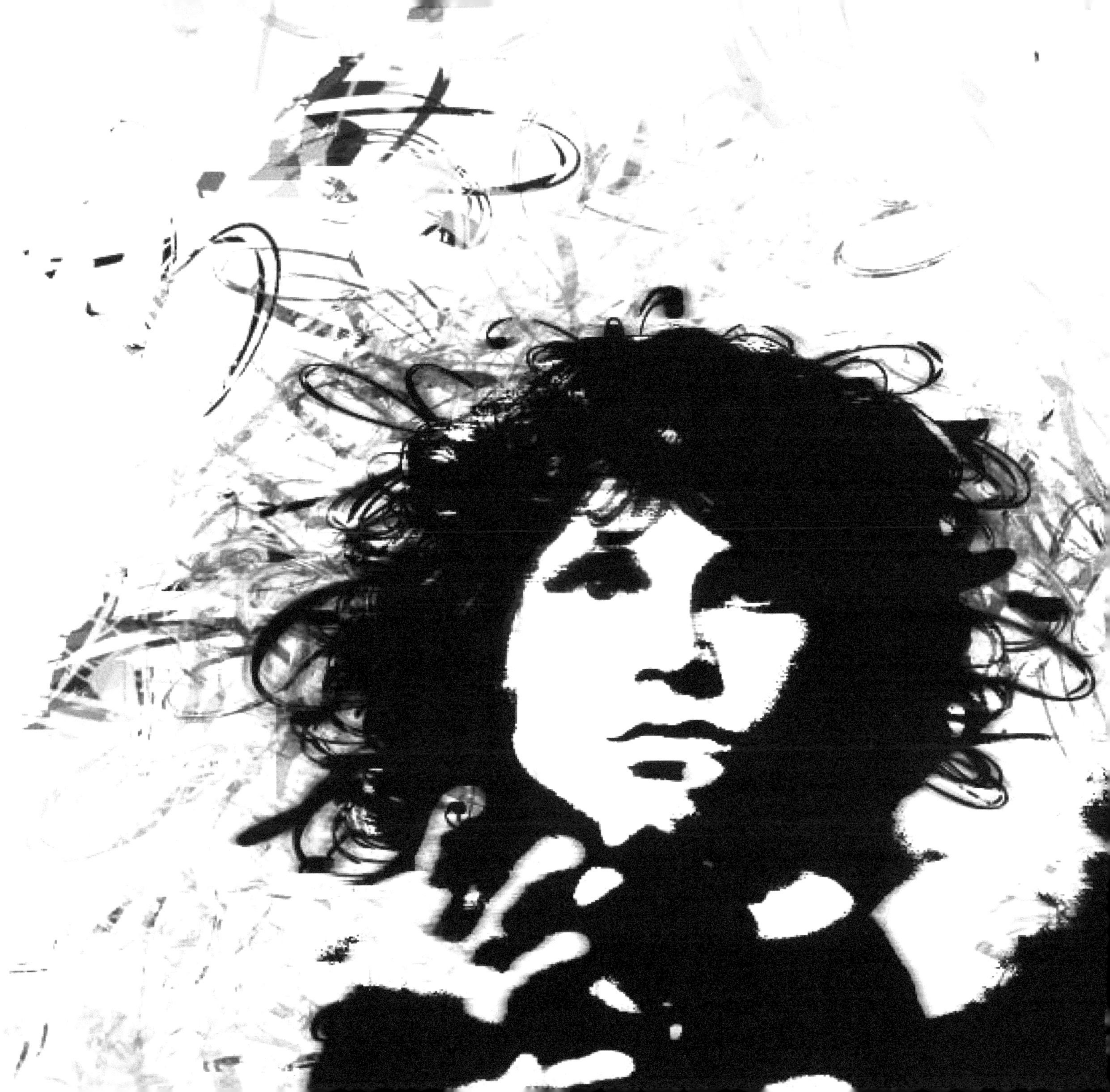

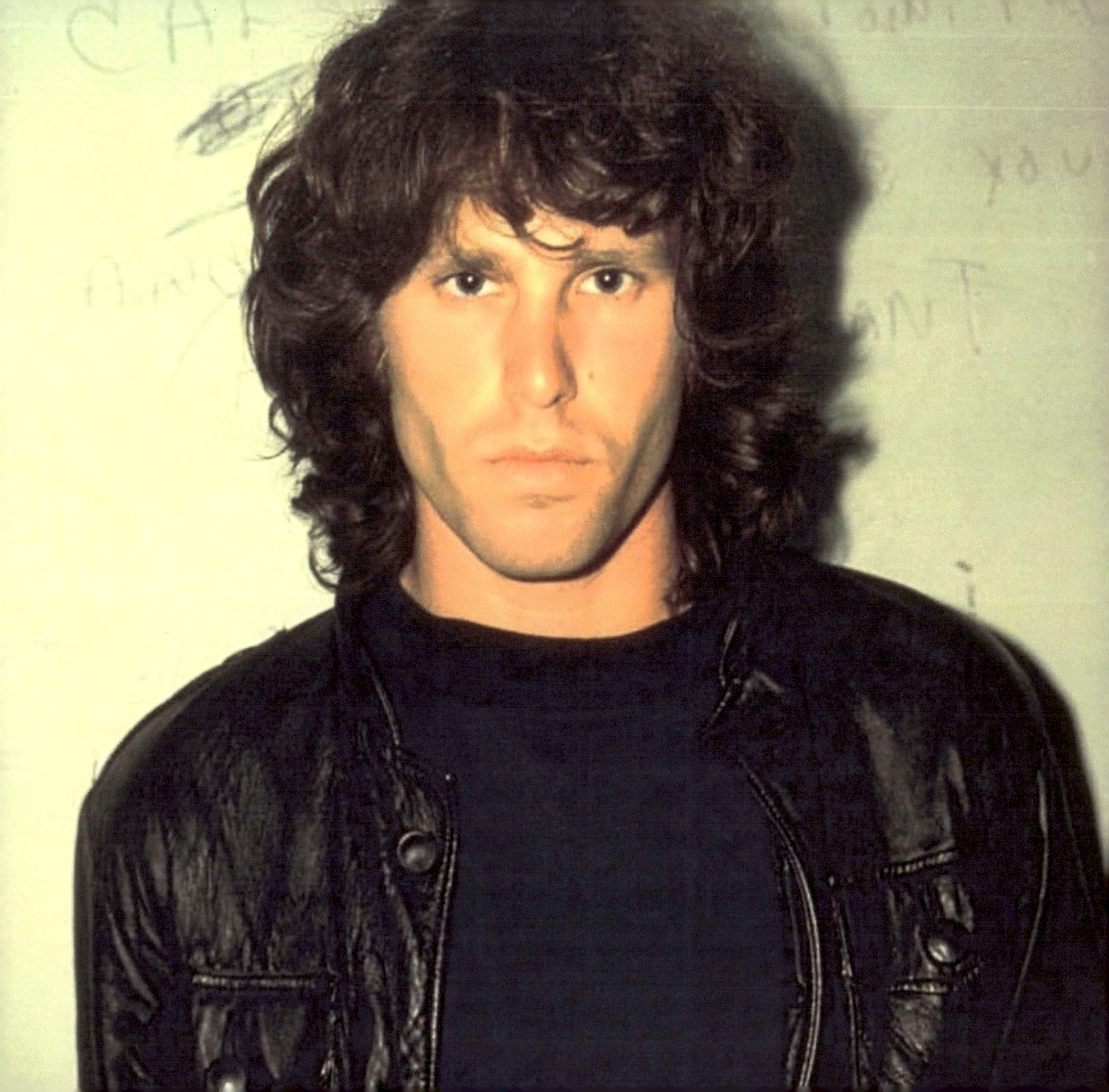

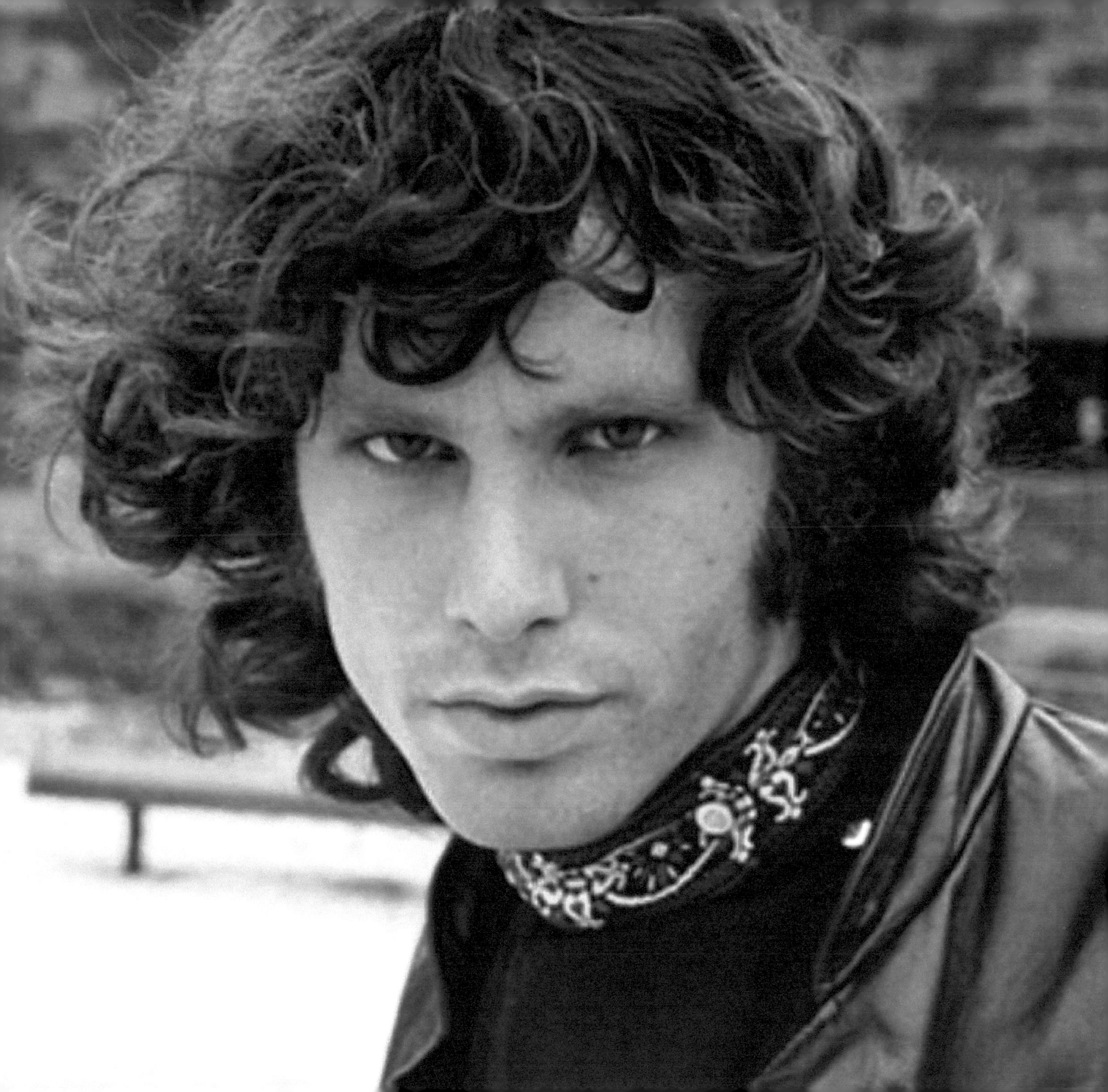

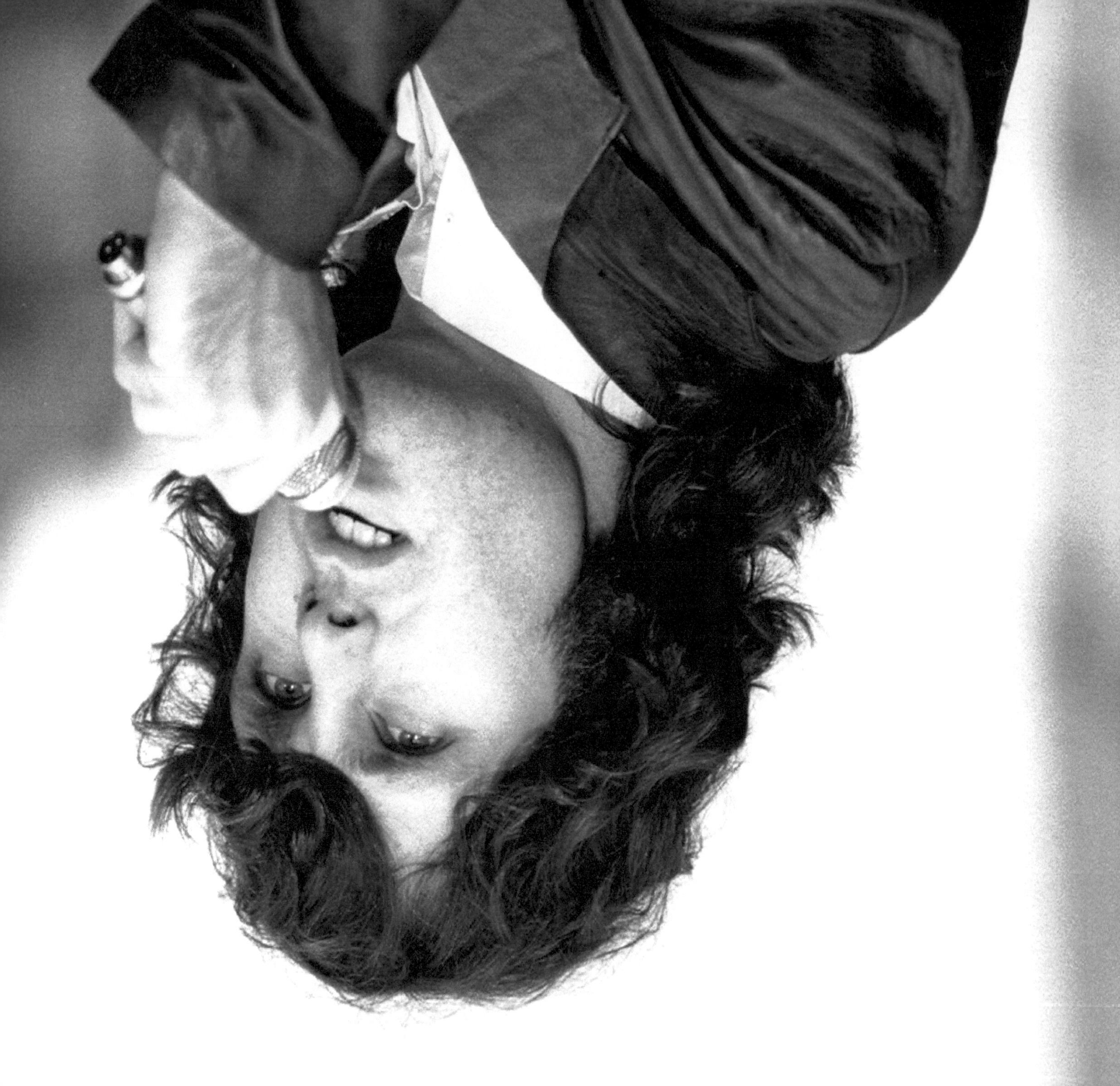

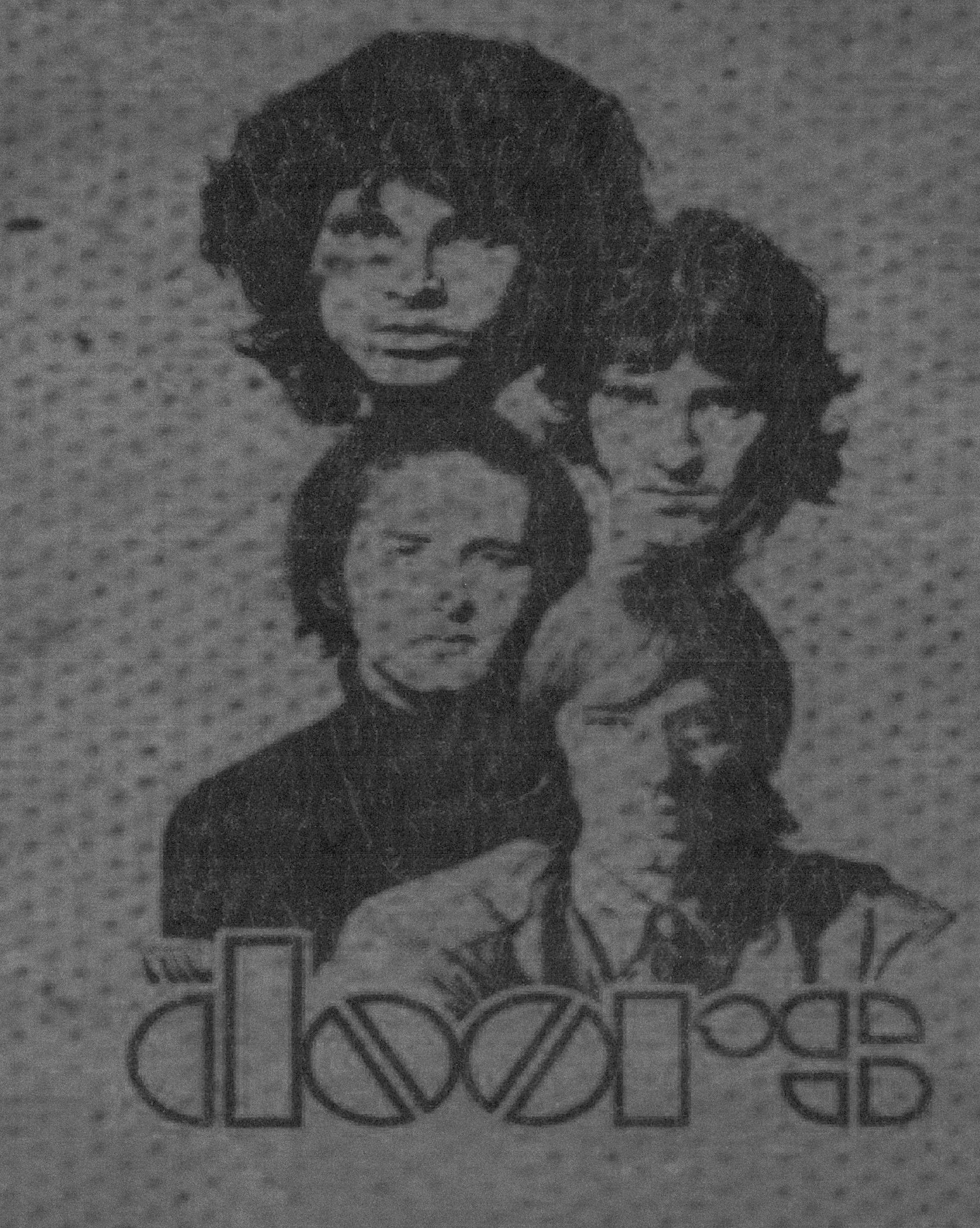
doors

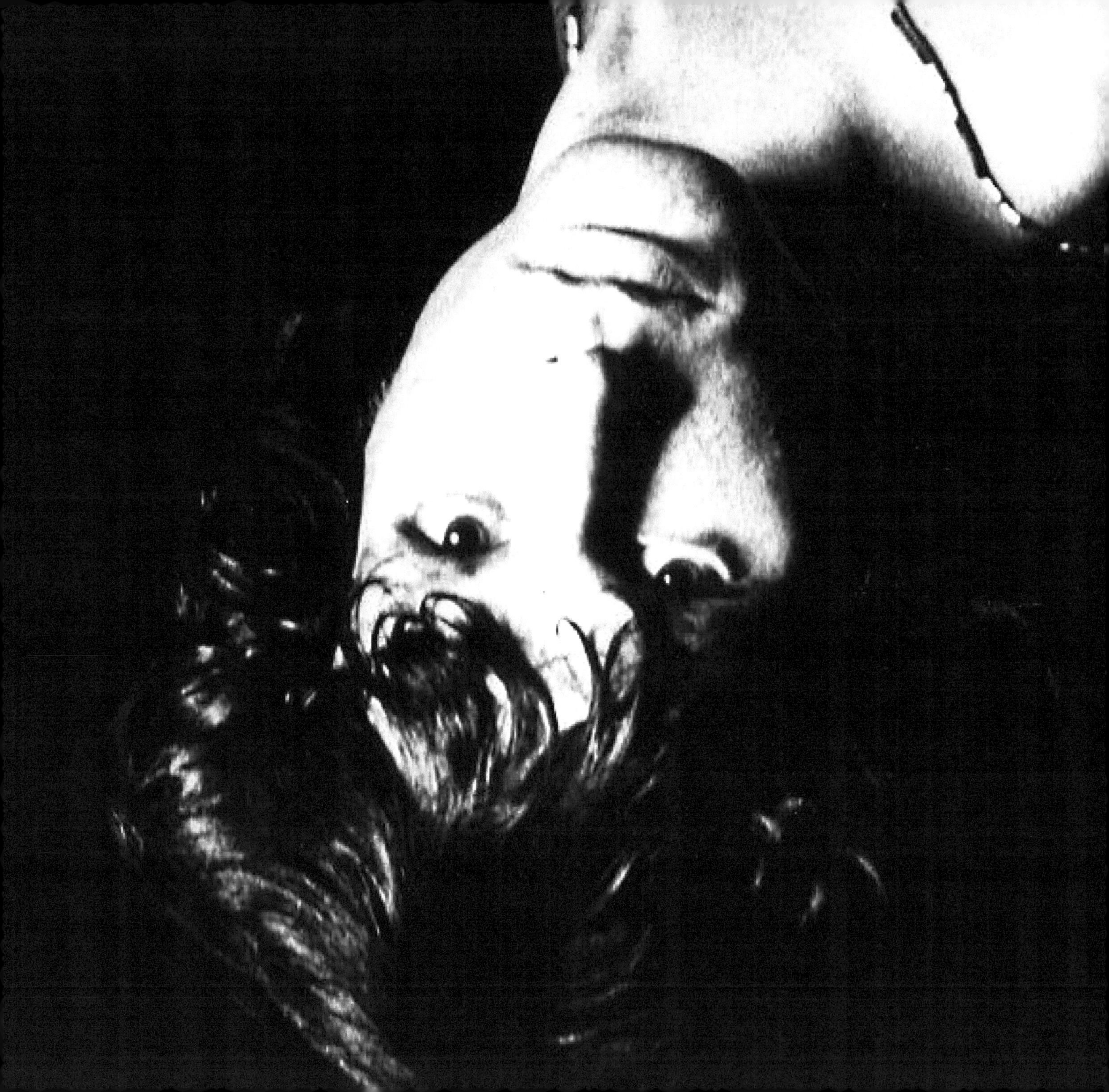

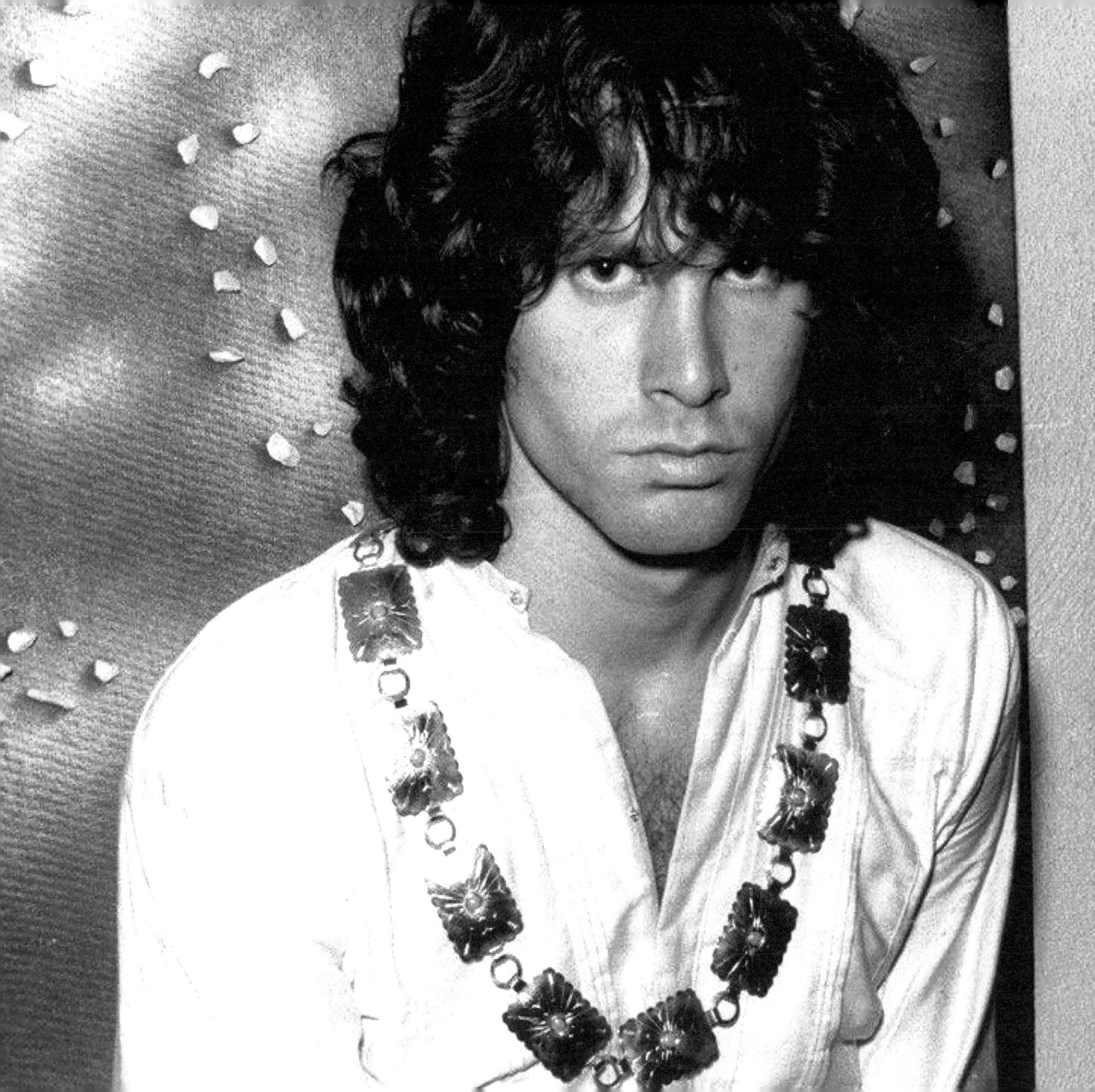

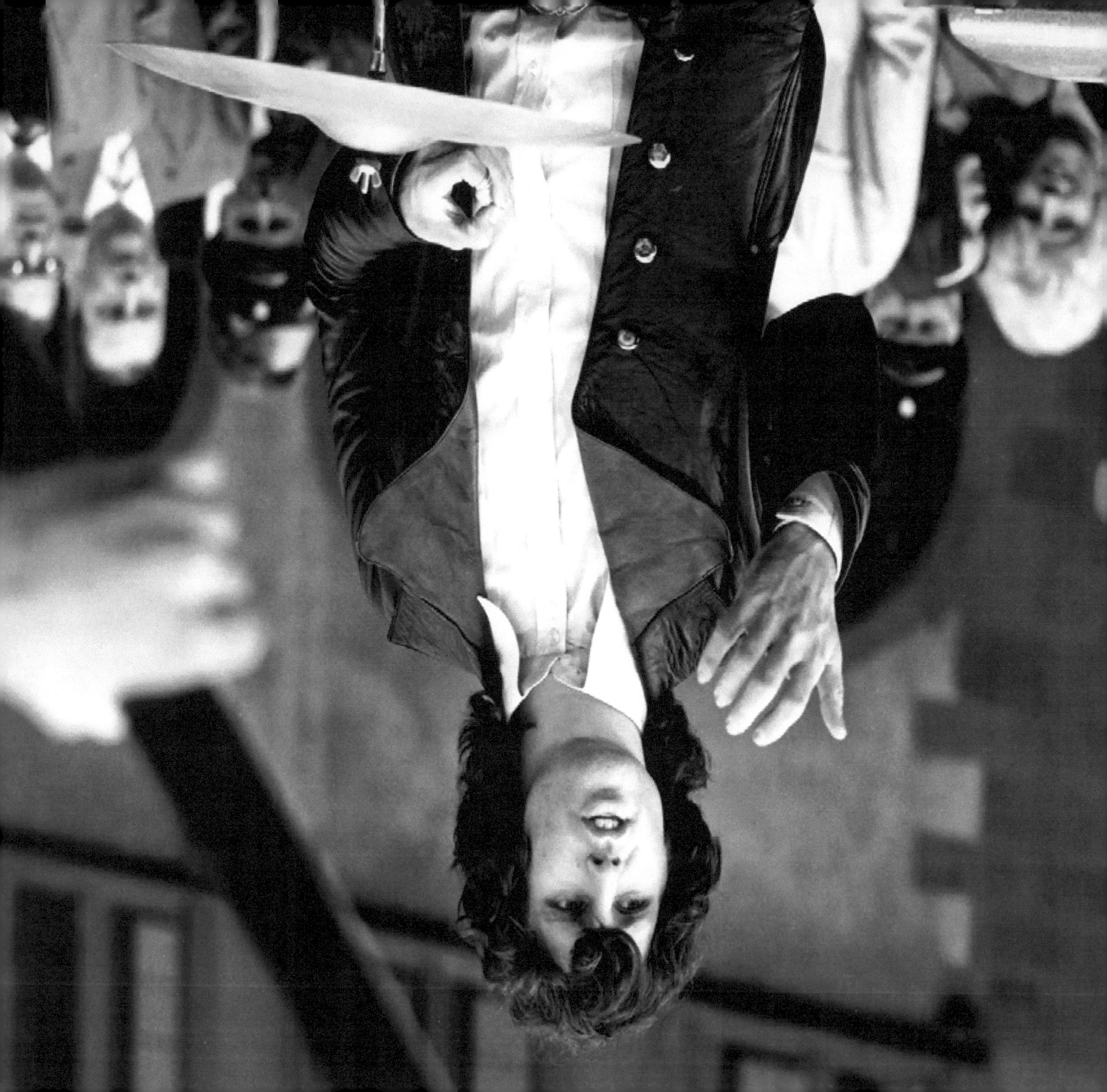

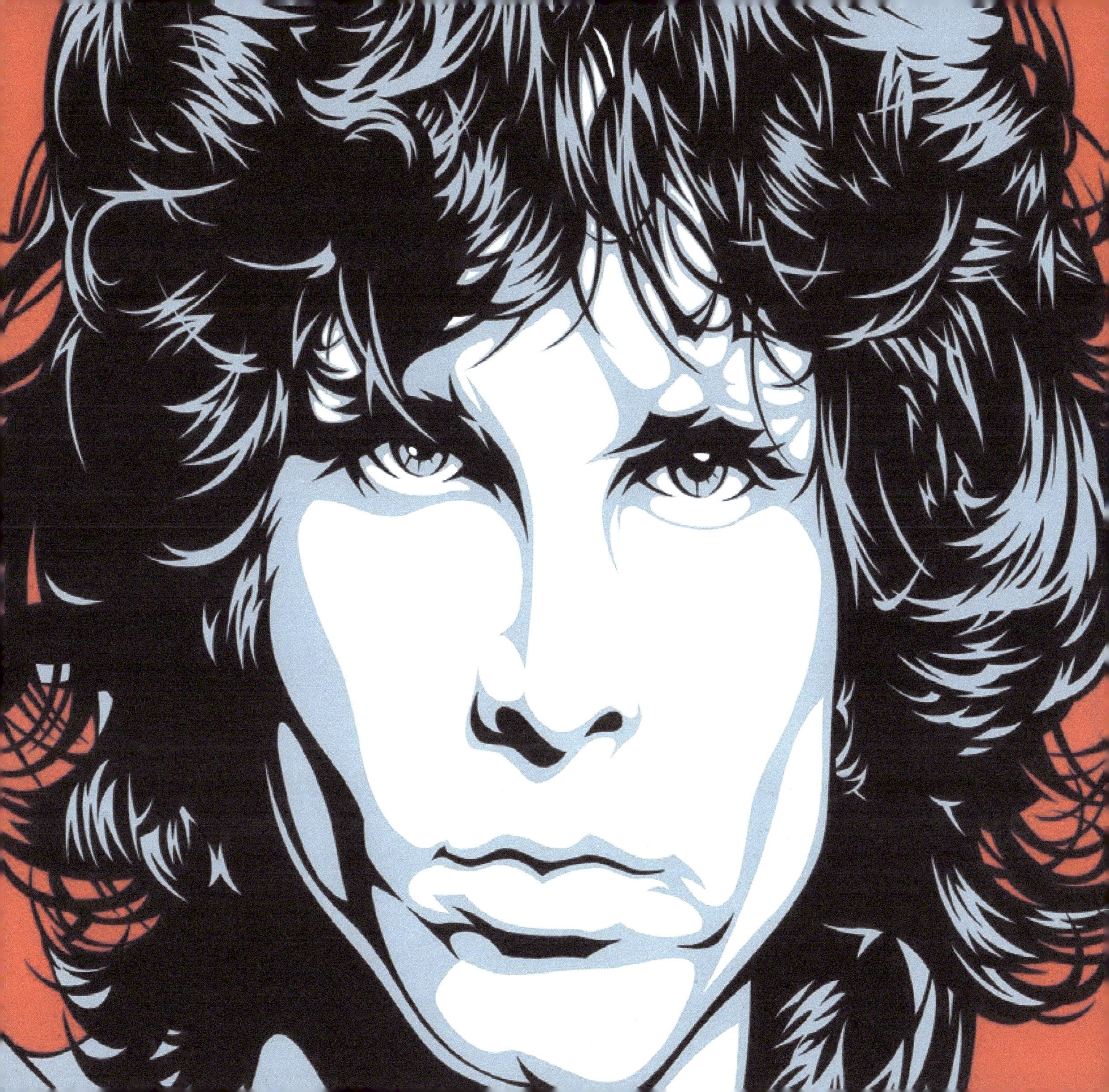

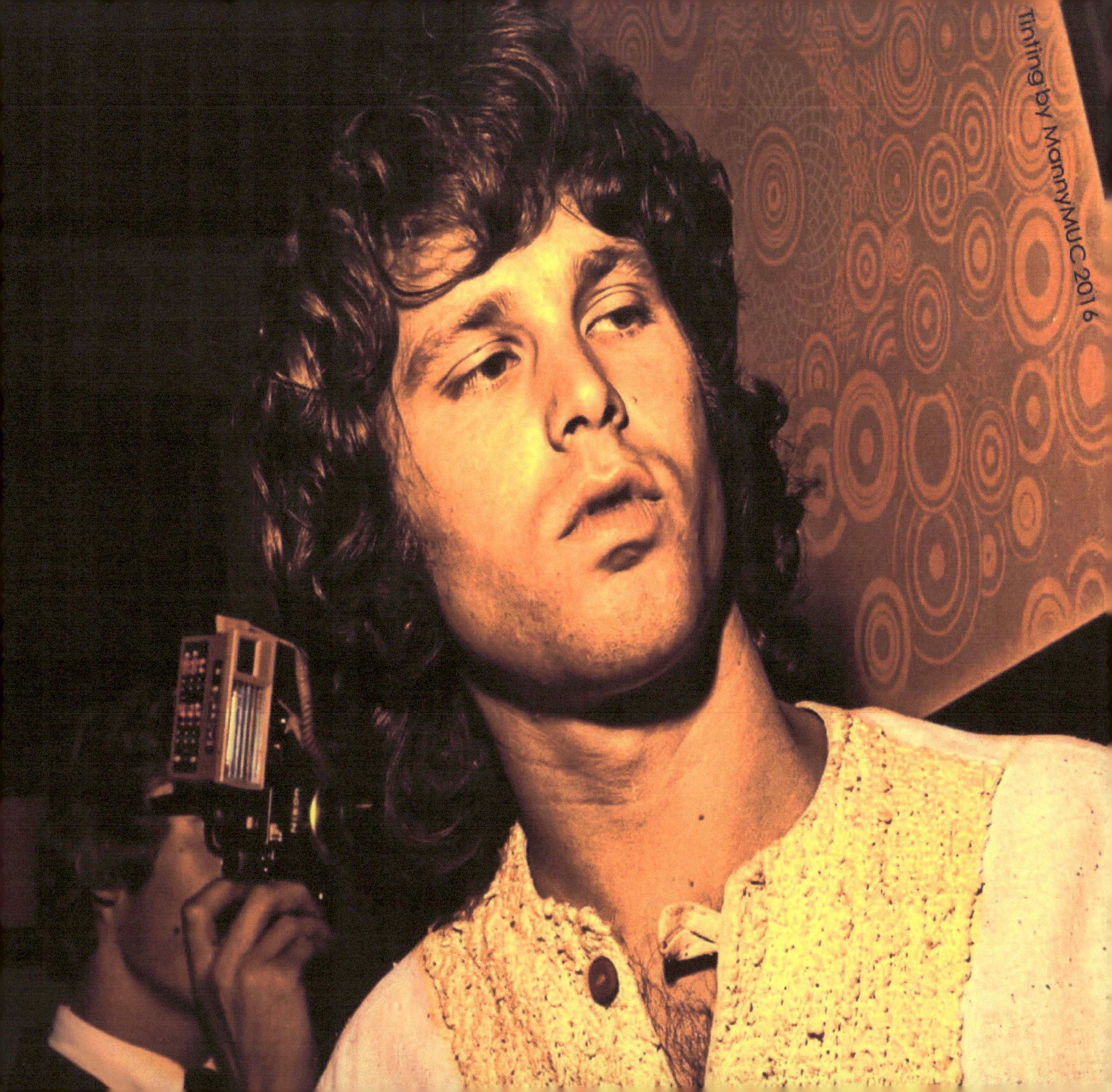
Tinting by MannyMUC 2016

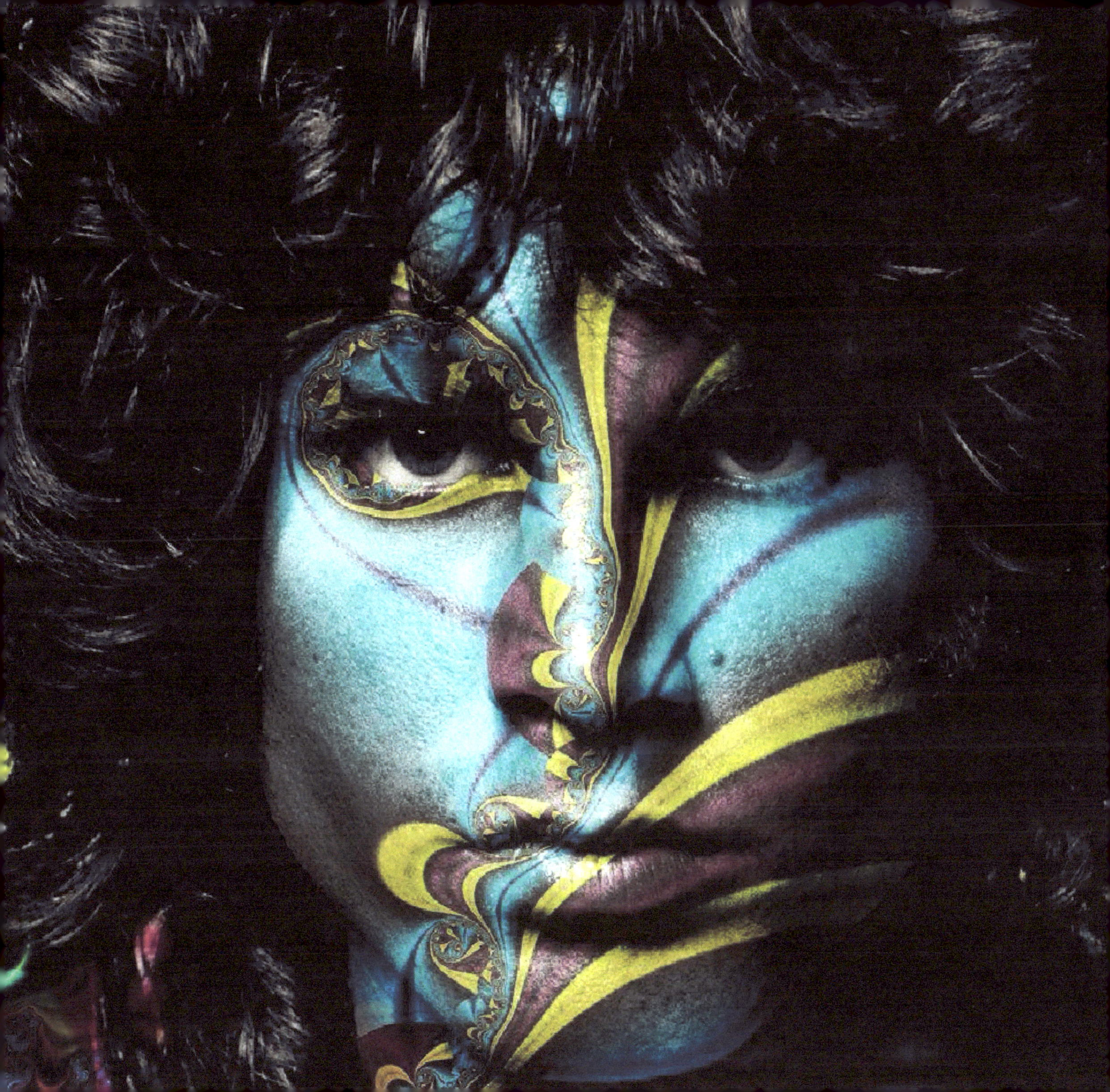

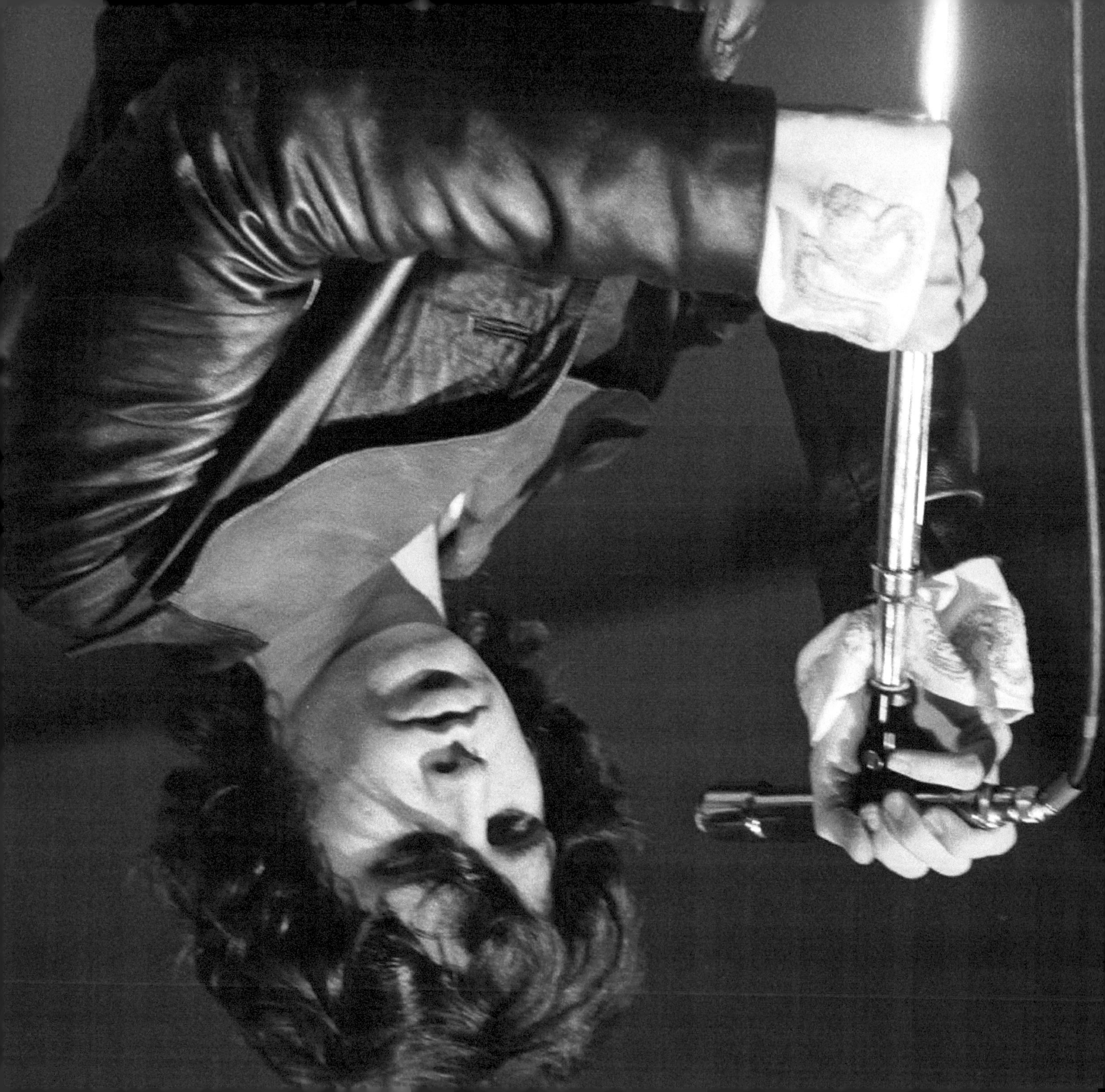

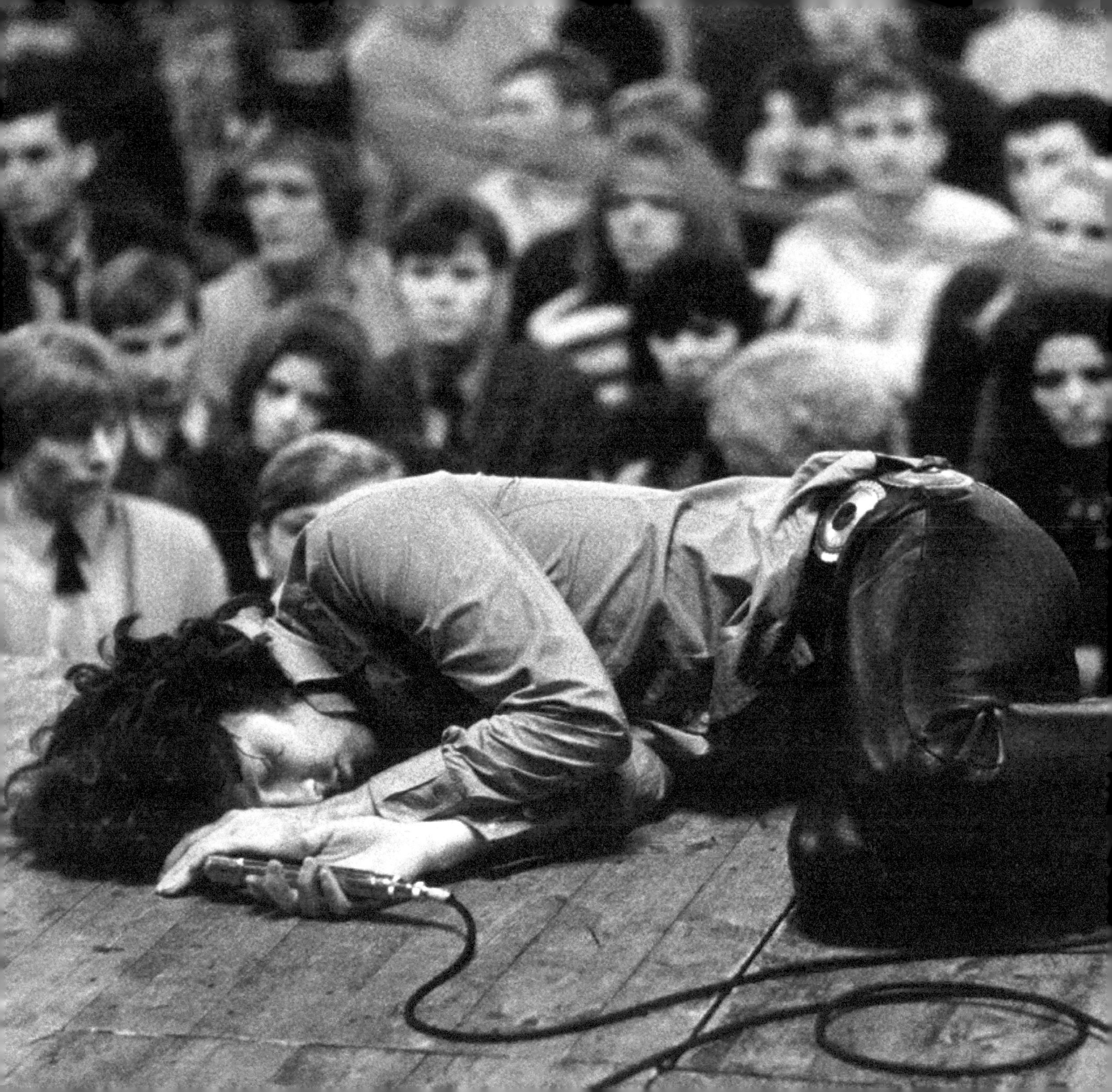

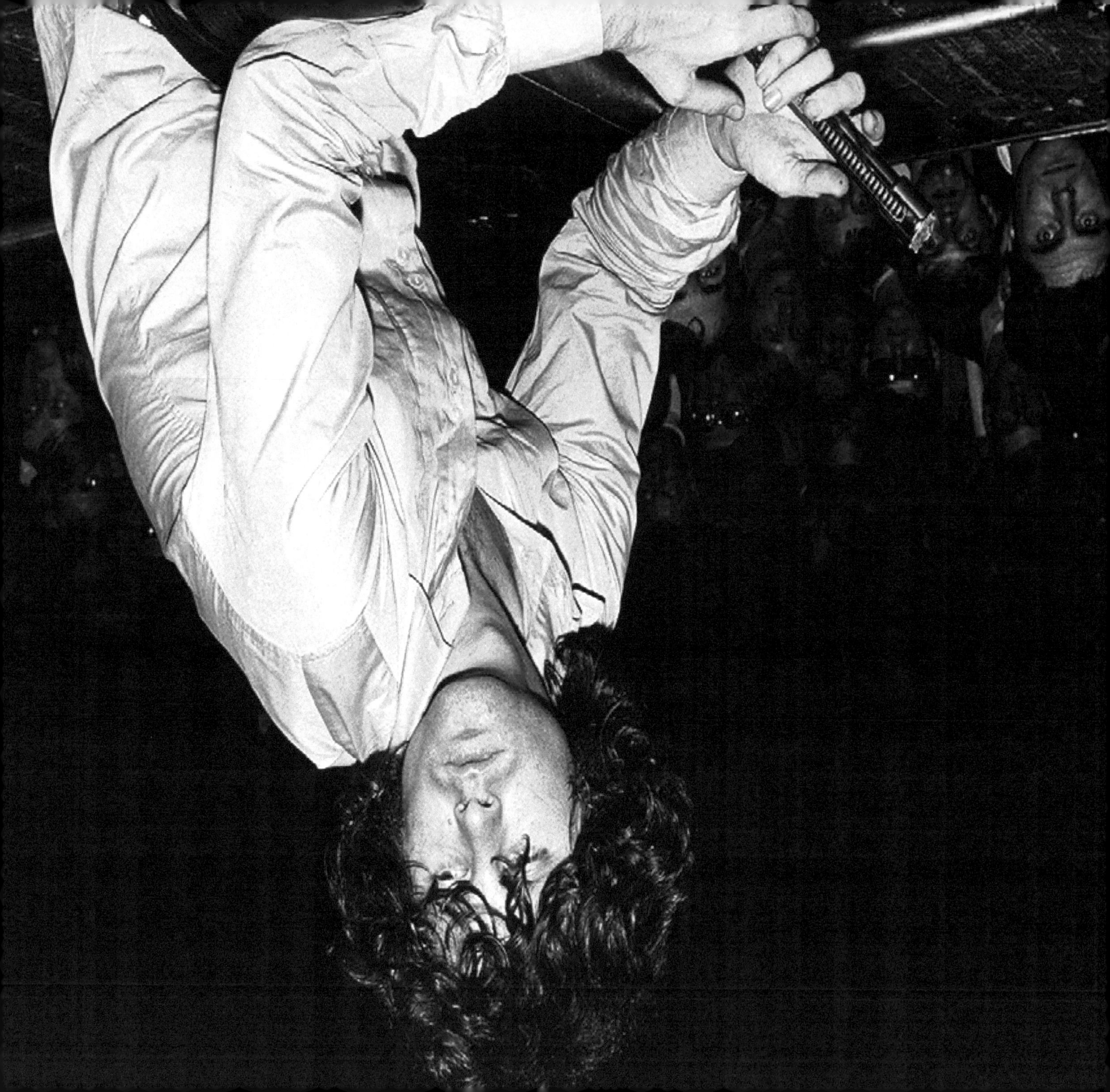

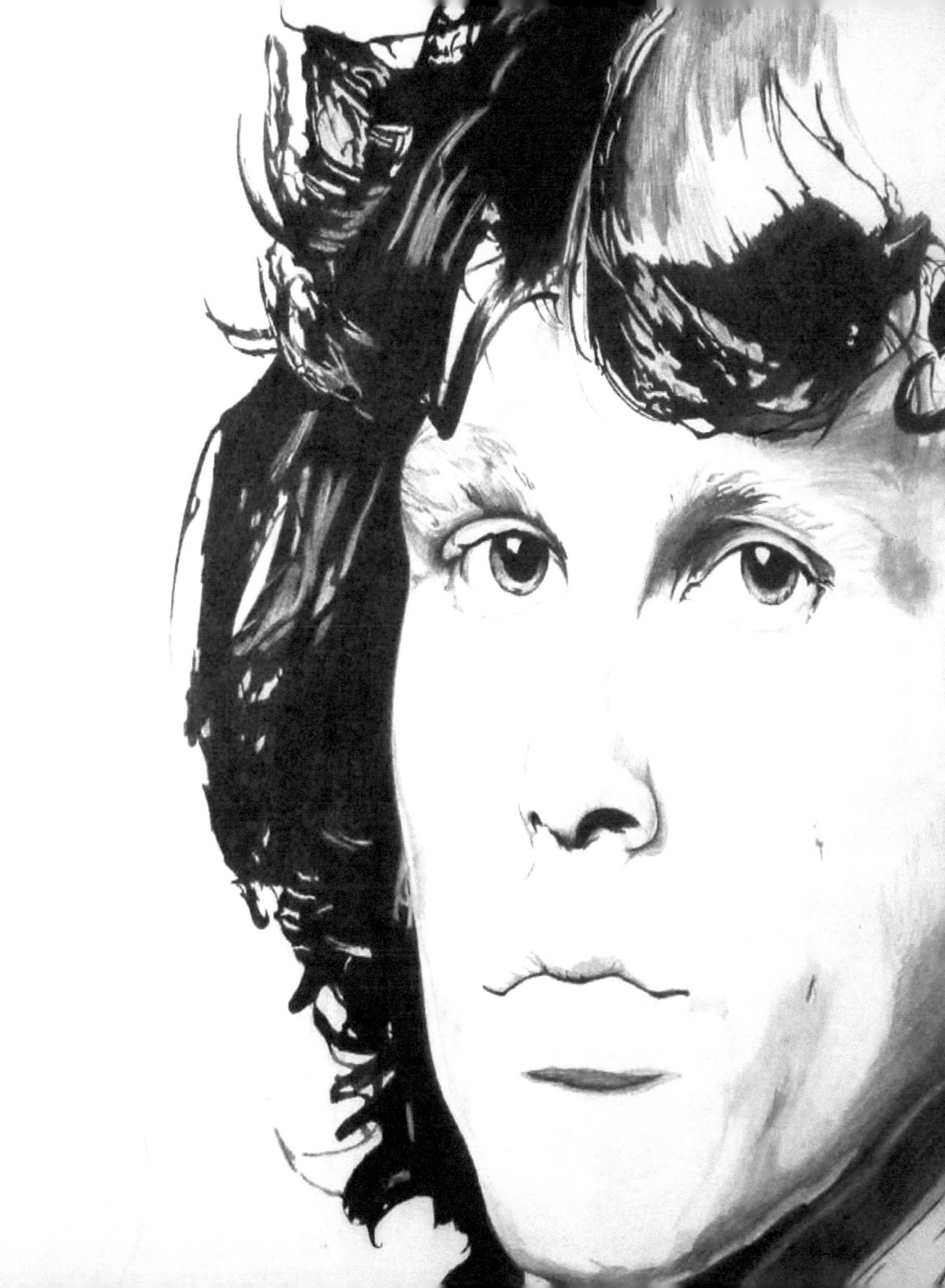

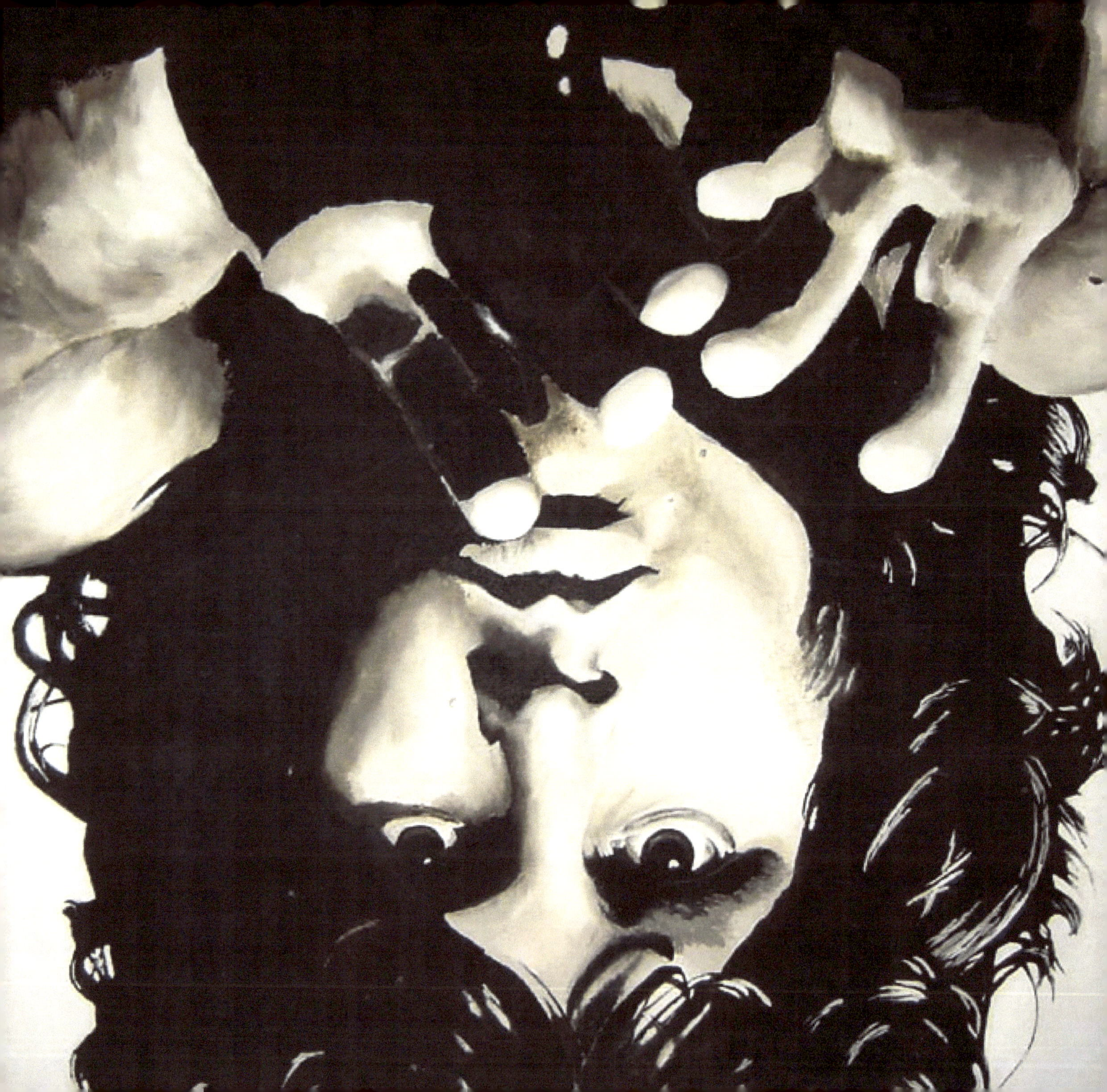

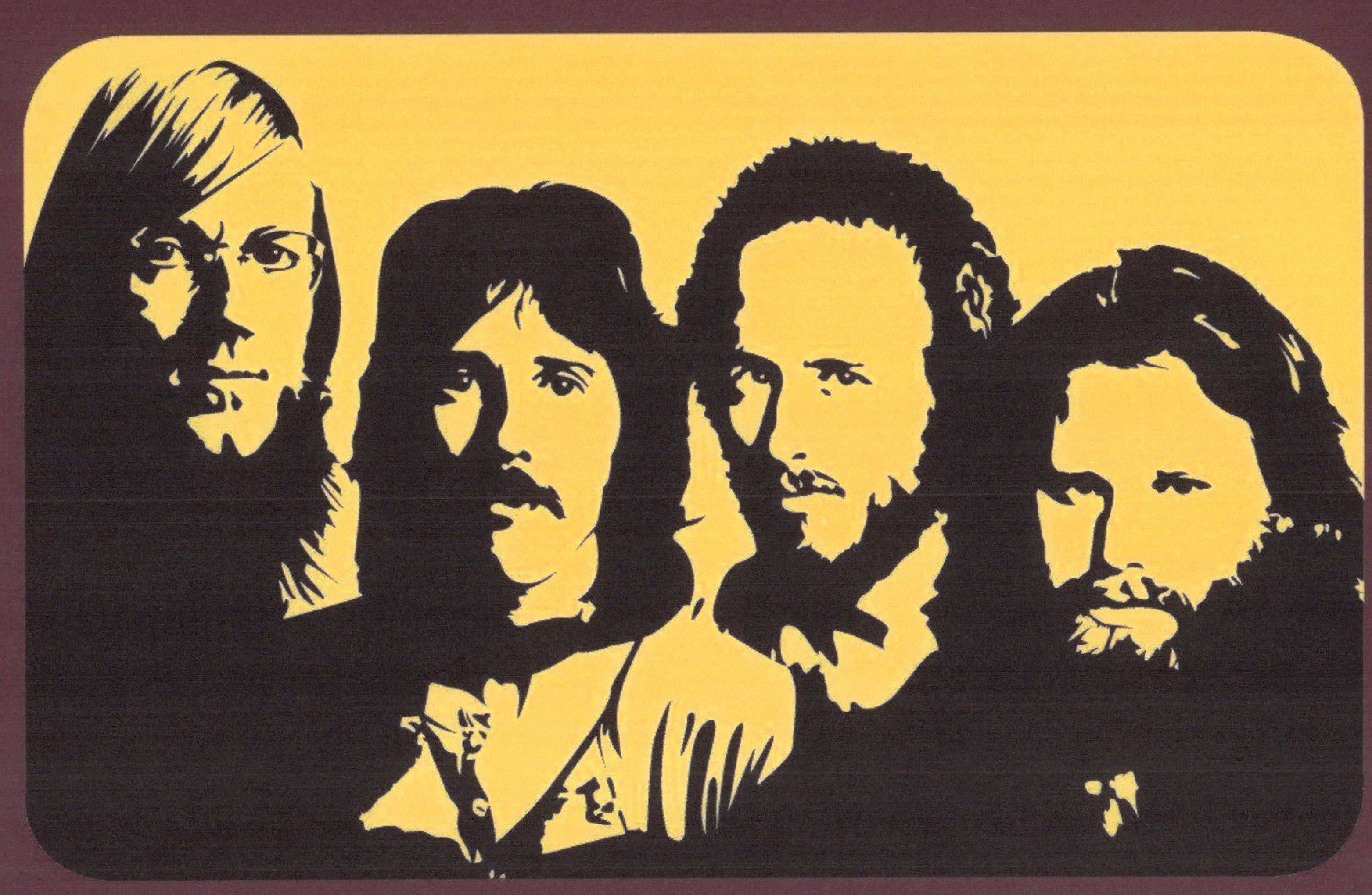

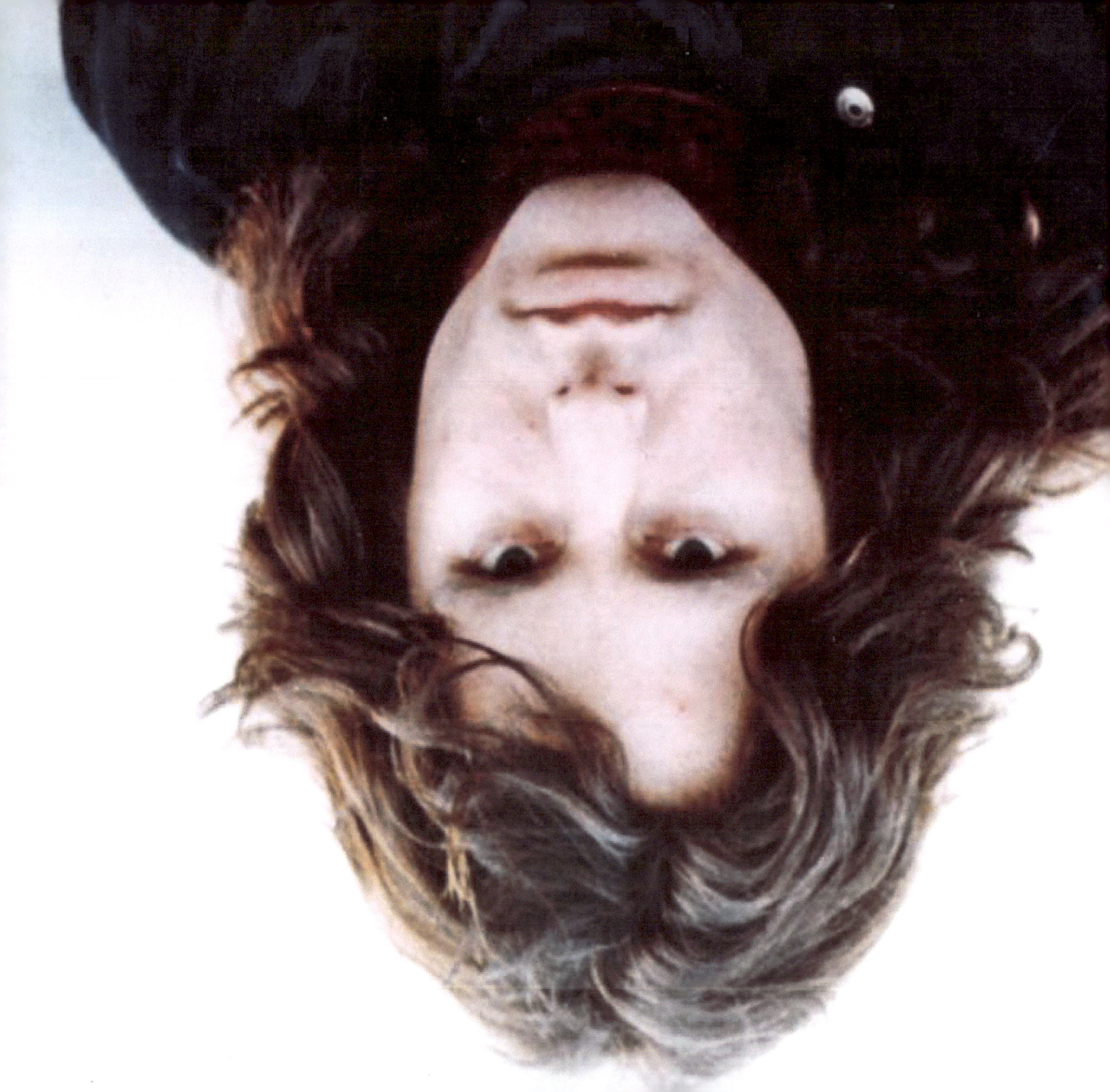

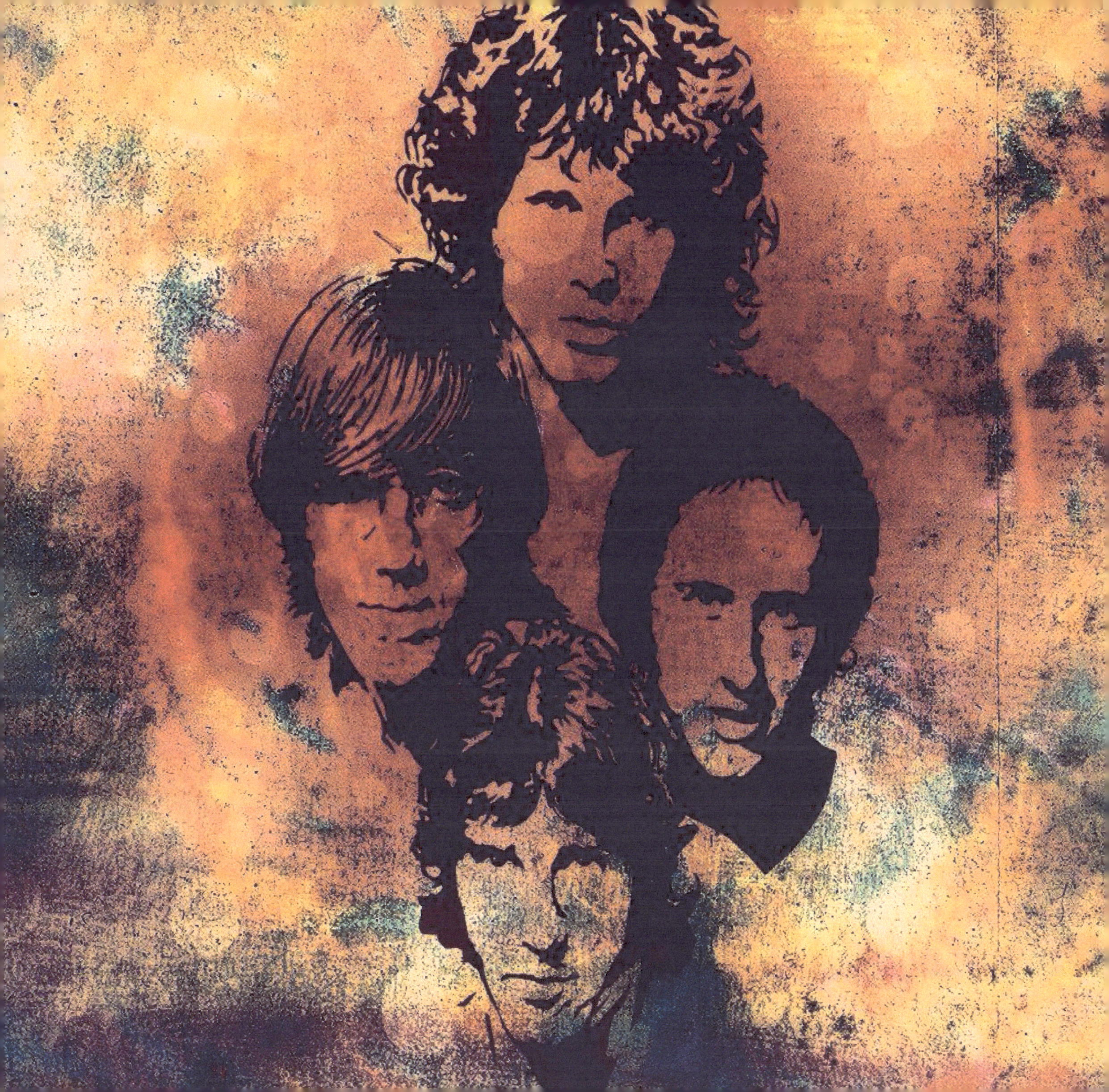

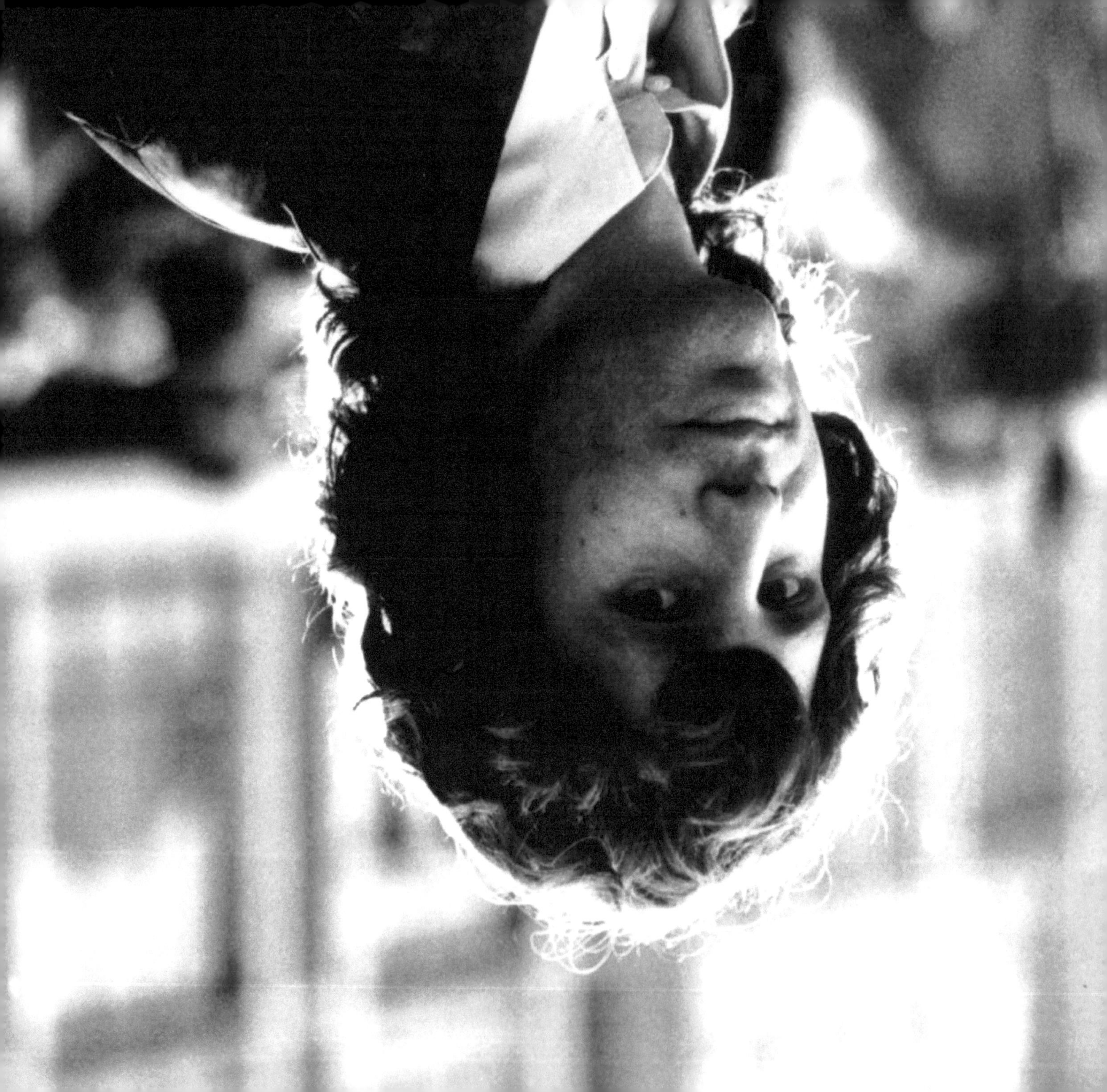

www.ingramcontent.com/pod-product-compliance
Lightning Source LLC
LaVergne TN
LVHW071236160826
845679LV00003B/1006
9798366946209